Moskauer Gurken

Ein offener Brief an die
deutsche Nation

© 2023, Baldur Airinger

Herstellung und Verlag: BoD – Books on Demand, Norderstedt

ISBN: 9783750436602

Alle Ratschläge in diesem Buch wurden sorgfältig erwogen und ge-

prüft. Eine Garantie kann dennoch nicht übernommen werden.

Eine Haftung des Autors beziehungsweise des Verlages für jegliche Personen-, Sach- und Vermögensschäden ist daher ausgeschlossen.

Inhalt

Das erwartet Sie in diesem Buch 6

Klingt komisch, ist aber so: Fakten sammeln 9

Wegweiser 13

Vorbild Schweiz 16

Die Schweiz in Konfliktzeiten 23

Rolle der NATO 29

Souveräne Kleinstaaten (Fürstentümer) 32

Nicht einmischen 47

Einstehen für den Frieden 62

Moskauer Gurken 65

Schluss mit lustig 67

Das erwartet Sie in diesem Buch

Durch unsere allgegenwärtigen Medien haben wir bereits ein vorgefertigtes Bild der Ukraine-Russland-Krise gewonnen, die nun schon seit einiger Zeit zu einem Krieg geworden ist.

Wenn ich mit Menschen über das aktuelle Geschehen spreche, höre ich immer wieder den Ausspruch:

„Da kann man nichts machen!"

Ich kann etwas machen, ich kann aufzeigen, wie wir durch Medien, Meldungen, durch Feindbilder, die uns präsentiert werden wie die Beilagen eines leckeren Frühstücks auf einem gedeckten Tisch, manipuliert werden zu der Vorstellung, es sei richtig, gut und wichtig, Waffen und Weiteres in einen Krieg zu stecken, der von den Menschen in unserer Nähe geführt wird.

„Halt dich raus, dann kommst du auch nicht rein," ist eine Weisheit, die ich in einer Zeit gehört habe, als Wolodymyr Selenskyj, geboren am 25. Januar 1978 und ich (geboren am 17. Februar 1974) und sicher auch Wladimir Wladimirowitsch Putin (geboren am 7. Oktober 1952) noch Kinder waren.

Der Spruch ist sicherlich geprägt worden in einer Zeit, in der unsere Eltern gelernt hatten aus eigenen Erfahrungen.

Es waren die Erfahrungen eines oder gar zweier Kriege, deren Grauen und Schrecken das Monströse an Kriegen schlechthin offenbart hat.

Zu diesen Kriegen wie auch zu allen anderen, die wir Menschen schon durch gemacht und gemacht haben, sind immer wieder Leute mit Leichtigkeit zu bewegen gewesen durch das geschickte Prägen von Feindbildern, durch Manipulation und spielerische Suggestion.

Es fällt den Politikern leicht, Menschen zum Krieg zu bewegen, wenn entweder ein mächtiger Waffenkonzern oder ein Heiliger hinter ihnen steht.

Doch ich lasse mich nicht mehr belabern, einschmeicheln, suggerieren und bewegen zu etwas, was von der Seite des Volkes dann nur abgenickt wird, ohne es genauer zu betrachten.

Ich lebe in der gleichen Welt wie Sie, doch ich sehe die Dinge ganz anders als Sie, denn ich habe mir vor genommen, genau hin zu sehen.

Auf der Grundlage meiner Betrachtungsweise des hier thematisierten Geschehens mögen Sie sich ein eigenes Bild des Krieges und seiner Vertreter machen.

Wo wir gerade von Frühstück sprachen: Ich gehe jetzt erst einmal in den Laden um Gurken zu kaufen.

Was erblickt mein erfreutes Auge da: Gurken nach „Moskauer Art"!

Die kaufe ich und lasse sie mir schmecken.

Das kann ich guten Gewissens tun, denn ich bin weder ein Feind der Ukrainer, noch der Russen.

Wir liefern Waffen an Menschen, die eingesetzt werden gegen Leute, die einige von uns vielleicht Gegner nennen.

Aber **Gurken nach Moskauer Art** essen wir dennoch gern?

Nach meiner Meinung stimmt da etwas nicht!

Klingt komisch, ist aber so: Fakten sammeln

1. In der Ukraine existiert eine russische Volksgruppe, die dort schon seit Generationen lebt.
2. Nationalistische Ukrainer wollen diese Russen aus ihrem Land haben, und dies mit allen Mitteln.
3. Aus diesem Grunde gibt es seit langer Zeit von Seiten einer extremistischen Seite der Ukrainischen Bevölkerung aggressive Handlungen und Straftaten gegen diese Russische Volksgruppe in der Ukraine.
4. Putin bezeichnet diese Ukrainischen Extremisten als Nazis (Nationalisten)[1].
5. Tschernobyl befindet sich in der Ukraine und damit auf bislang Russischem Staatsgebiet.
6. Oligarchen – so werden die superreichen Ukrainer bezeichnet – unterstützen die nationalistischen Kräfte der Ukraine, die sich teilweise bis ins Militär ziehen und in die Politik[2].
7. Die nationalistischen Angehörigen des Ukrainischen Militärs schmücken sich teilweise in der Öffentlichkeit mit Symbolen des Dritten Reiches[3].

---

[1] Ouelle: Deutschlandfunk | 26.02.2022
[2] Quelle: Business Insider Deutschland

8. Diese eklatanten Zustände gibt es in der Ukraine seit über zehn Jahren und hier in Deutschland hat das wirklich KEINEN interessiert, bis Putin sagte: Stop, so geht das nicht, denn es sind seine Landsleute, die dort meist ungestraft seit mehr als 10 Jahren verfolgt und getötet werden.

9. Diese Zustände waren irgendwann für Putin nicht mehr tragbar.

10. Das **Problem**: Die Ukraine war kurz davor, in einem **Schnellverfahren** in die NATO aufgenommen zu werden.

11. Wäre dieser Zeitpunkt überschritten worden, hätte Putin dann die NATO angreifen müssen.

12. Also musste Putin schnell handeln, bevor die Ukraine in einem Schnellverfahren in die NATO aufgenommen wird.

13. Er betonte damals, dass er keine Probleme damit hätte, wenn die Ukraine ihre Zugehörigkeit zu Russland aufgegeben hätte und dem Europäischen Bündnis beitreten würde.

14. Putin war nur nicht einverstanden mit dem Eintreten der Ukraine in die NATO, weil die NATO dadurch Waffensysteme näher an seine Landesgrenze geführt hätte und mit der NATO auch die USA.

15. Putin hätte eine Orientierung der Ukraine nach Europa hin akzeptiert.

---

[3] Quelle: Internationales Komitee der Vierten Internationale (IKVI)

16. Damit hätte die Ukraine den Status der Schweiz gehabt.

17. Putin sagte, er würde sich zurück ziehen, wenn die Ukraine **nur** zu Europa gehört und **nicht** der NATO beitritt.

18. Putin wäre mit einem Beitritt der Ukraine in die EU einverstanden gewesen, nur nicht mit einem Beitritt der Ukraine in die NATO.

19. Territorial gehörte die Ukraine seit Jahrhunderten zu Russland, denn sie bildete quasi ihr ♥stück, nachdem das zunächst von Ostslaven spärlich besiedelte Gebiet spätestens ab dem 8. Jahrhundert von einer normannisch- skandinavischen Oberschicht beherrscht wurde, die entlang ihrer Handelswege, den Flüssen, neue Handelszentren gründeten, zu denen auch Kiew zählte[4].

20. Die Ukraine will jetzt aber ein selbstständiges Land werden und sich zu Europa orientieren.

21. Die Ukraine gehörte bis jetzt zum Russischen Staatsgebiet, doch in unserer Deutschen Presse wird die Situation so dar gestellt, als ob Russland in ein fremdes Land eindringt, das vorher unabhängig war und das ist falsch, denn die Ukraine gehörte bislang (1991) zu Russland: Ihre Hauptstadt Kiew kann bezeichnet werden als das ♥ Russlands.

---

[4] Quelle: Manuel Schneider: Russland verstehen | Russische Geschichte für Einsteiger | Von der Entstehung Russlands bis Heute

22. Die Sichtweise änderte sich erst mit Glasnost, dem Zu-
    sammenbruch der Sowjetunion (und dem Beginn des Rus-
    sischen Kapitalismus): Im März 1990 liefen die Wahlen zum
    Obersten Sowjet der Ukrainischen SSR. Durch diese wur-
    den Proteste ausgelöst. Vom 2. bis 17. Oktober brachen auf
    dem Majdan Nesaleschnosti die als Revolution auf Granit
    bekannt gewordenen Proteste mit bis zu 100.000 Teil-
    nehmern aus, die zum Rücktritt von Witalij Massol als Vor-
    sitzendem des Ministerrats der Ukrainischen SSR führten[5].

23. Im Jahr 1991 wurde die damals zur USSR beziehungsweise
    UdSSR gehörende Stadt Kiew nach dem Referendum über
    die Unabhängigkeit der Ukraine Staatsgebiet der Ukraine.
    Das Referendum ergab, dass von den Wählern in Kiew 5%
    gegen und 92% für die Unabhängigkeit der Ukraine von der
    Sowjetunion stimmten[6].

---

[5] Quelle: Wikipedia | Kiew
[6] Ebd.

Wegweiser

Kürzlich schrieb ich selbst einen Wegweiser aus der Krise mit Russland und der Ukraine: „Frieden durch Achtsamkeit" ist der Titel meines Ratgebers:

Mein Werk zeichnet sich gegenüber der Haltung der meisten politischen Aktivisten und Aktiven unserer Zeit in Deutschland durch eine weise Perspektive mit Weitblick und Würde aus.

Es basiert auf der Lehre des Buddha und ist – wie der Name schon sagt – friedlich orientiert.

Von der Grundhaltung unserer deutschen Politiker kann ich das leider nicht sagen.

In einer Auseinandersetzung nur die eine Seite zu sehen, verklärt den Blick auf die Wahrheit und verhindert eine souveräne Einstellung und Objektivität.

Da ja nicht jeder Mensch zu Besonnenheit und Achtsamkeit sofort einen Draht hat, möchte ich hier meine Vorgehensweise vorschlagen in Bezug auf die aktuelle Situation:

1. Deutschland soll sich aus dem Krieg raus halten.
2. Deutschland soll keine Waffen liefern.
3. Deutschland soll keine Munition und keine anderen Kriegsgüter oder Kriegssoftware und dergleichen liefern.

Man sollte mal für sich reflektieren, dass Waffenlieferungen niemals einen humanistischen Hintergrund haben.

Zum Beispiel:

Der deutsche Waffenkonzern Rheinmetall hat durch den Ukraine-Russland-Krieg eine Wertsteigerung um ein Vielfaches erfahren.

Vorbild Schweiz

Bis vor Kurzem war ich noch ganz stolz auf die Schweiz, weil ich glaubte, dass sie sich aus allen Querelen, aus Streits, Zwist, Streitigkeiten und Zerwürfnissen ihrer Umgebung heraus hält.

Das tut sie aber offenbar nicht, denn, wie ich hörte, hat sie Waffensysteme an andere Staaten geliefert.

Das ist keine Neutralität mehr, es sei denn, sie würde diese Dinge offen jedem, der es braucht, zur Verfügung stellen, so wie das World Wide Web eine öffentliche Sache ist.

Und das würde ja schon an ein Horrorbild denken lassen.

Da nun die Schweiz als wirklich neutraler Staat als Vorbild für mich ausfällt, sehe ich mich um, da gibt es Tibet, das mittlerweile wohl zu China gehört und es gibt das herrliche Bhutan, welches aber von der Nato unterstützt wird und somit auch nicht ganz unabhängig und neutral ist beziehungsweise sein kann.

Ich habe einen Traum.

Ich träume von einem Staat, der sich nur um seine eigenen Angelegenheiten kümmert.

Dieser Staat baut mittels ökologischem Landbau sein eigenes Obst und Gemüse an und lässt es – gegen eine kleine Bezahlung – den Bürgern in der Nähe direkt zukommen – wohnortnah und regional. Das Leben wird entschleunigt. Das Leben, die Gemeinschaft, der Umgang miteinander, wird liebevoller.

Die Nutztiere werden liebevoll gepflegt und ernährt und achtsam, nachhaltig behandelt und bewirtschaftet, alternativ, wie man heute sagt, man nimmt sich also Zeit, behandelt Krankheiten mit sanfter Naturmedizin prophylaktisch, besonders, indem man die Bedingungen für ein gesundes Leben schafft: Das Leben der Tiere muss die Möglichkeit haben, froh und stressfrei sein zu können.

Stressfreiheit, Gesundheit, angenehmes Leben, keine Massentierhaltung, keine Legebatterien, keine weggeworfenen Küken oder solche, die herum stehen, in Kisten, Fässern, Säcken oder Eimern, eingebuddelt oder vereist, erfroren, sterben gelassen.

Wir sollten jedes Lebewesen so behandeln, als wären wir es selbst, als wäre es ein guter Freund.

Besonders die Lebewesen, die wir „unser" nennen, für die wir verantwortlich sind und auch verantwortlich sein sollten!!

Dabei sollten wir auch an uns selbst denken, auf unsere Bedürfnisse und Grenzen achten aber auf friedliche und umsichtige Weise.

Auf Verwertung und Herstellung von Dingen, die nur produziert werden um der Produktion Willen, sollte verzichtet werden.

Kleiderspenden beispielsweise werden nach Afrika geschickt, wo sie jedoch niemand braucht und die Menschen dort wissen nicht, wohin damit.

Inder leben im Plastikmüll.

Für viele dieser Probleme gibt es vernünftige, gesunde, nachhaltige Lösungen, die schon einfach darin liegen, bewusster und achtsamer zu produzieren.

Der Satz: „Weniger ist manchmal mehr" kann hier sehr hilfreich sein! ☺

Gern denke ich an die Fernsehsendung „Alpha Centauri", die von dem Astrophysiker Harald Lesch moderiert wurde.

Kennen Sie ihn?

Mich hat seine Art beeindruckt, wie er Laien erklärt hat, was im Weltall um uns herum und in der sogenannten Quantenwelt der allerkleinsten Teilchen passiert.

Dabei veranschaulichte er seinen Zuschauern oft ganz begeistert, wie toll das ist, dass es in diesem riesigen Universum etwas gibt, das ein **menschliches Maß** hat: Unser Planet Erde in unserem Sonnensystem!

Auf dieser Erde gibt es einen Mann namens Schumacher – das ist weder der Rennfahrer Schumacher, noch der Chef von Schumacher-Altbier – sondern ein US-Amerikaner namens E. F. Schumacher.

Der hat im Jahr 1977 bereits ein Buch geschrieben, das auf Deutsch heißt: „Die Rückkehr zum menschlichen Maß[7]".

Ich wünsche mir, dass wir uns in Deutschland mit diesem Prinzip auseinandersetzen.

Ich wünsche mir, dass dieses Prinzip eines menschlichen Maßes von uns in Deutschland umgesetzt wird. Dabei ist ein respektvolles und freundliches Arbeitsklima sehr wichtig für die Gesundheit aller Beteiligten und das Gelingen des Ganzen.

Schumacher bezieht sich in seinem Werk auf die Lehre des Buddha. Darin gibt es einen edlen achtfachen Pfad, von dem ein Teil der achtsame Lebenserwerb ist, das ist sozusagen Punkt Fünf der **To-Do-Liste des Buddha** für ein gesundes und glückliches Leben.

Einen Staat, in dem das umgesetzt wird, den nenne ich dann einen **Achtsamen Staat.** In einem Achtsamen Staat liefert man niemandem Waffensysteme. In einem Achtsamen Staat unterstützt man keine Kriege, weder Waffenhandlungen von Angreifenden, noch solche von Verteidigern.

Der Achtsame Staat bleibt in seinem eigenen, inneren Frieden.

Das ist nicht egoistisch, sondern es kann anderen Staaten und Nationen als Wegweiser dienen, die wie Leuchttürme aus den Weiten der Erde hervortreten.

---

[7] E. F. Schumacher: Die Rückkehr zum menschlichen Maß. Rowohlt 1977.

Ebenso wie Kiew nach seiner Gründung als ein Leuchtturm wahrgenommen wurde in den Weiten des Russischen Landes, wie es der Autor Manuel Schneider in seinem Buch über die Russische Geschichte formuliert.

Ich wünsche mir von unseren deutschen Politikern so viel Weitblick, dass wir lernen, achtsam und gesund zu leben. Das heißt: Besonnen, aufmerksam, natürlich, achtsam, genügsam, gelassen, entspannt, zufrieden.

So viel zu einem Staat, der aus meiner Sicht Vorbildcharakter hat: Ein Staat im menschlichen Maß.

Daher möchte ich, dass wir, Deutschland, auch in der aktuellen Lage vorbildlich sind und das heißt: **Politisch neutral!!**

Dies bedeutet aber auch, dass Deutschland nicht erlaubt, von Seiten der Politiker und der Medien, seiner Bevölkerung ein Feindbild einzureden.

Mit gezieltem Schaffen von Feindbildern zwecks Manipulation des Volkes gegen eine neutrale Einstellung gegenüber einer Personengruppe oder gegenüber einem anderen Volk arbeiten Politiker und Strategen definitiv seit den Zeiten Gaius Iulius Caesars und bestimmt schon lange davor. Mit der Methode von Feindbildern soll das Volk zu einer Zustimmung zu aggressiven, militärischen beziehungsweise kämpferischen Vorgehensweisen gegenüber bestimmten Gruppen bewegt werden.

Diese Methode der Manipulation ist uralt aber wir fallen immer noch gern darauf rein.

Neben der Masche, Feindbilder zu nutzen, bedient sich unser Staat auch gern des Drucks auf die Tränendrüse.

Statt den Medienkonsumenten – also uns – gegen einen vermeintlichen Gegner zu manipulieren, werden uns dann Hilfsbedürftigkeit, Armut oder Aufrichtigkeit, die Verbindung mit vermeintlich höheren Mächten wie Jesus oder Gott von hinten intravenös subkutan eingeführt.

In einem Video über die Eigeninitiative bäuerlicher, einfacher Menschen in der Ukraine, die Molotowcocktails basteln, um damit gegen Panzer zu kämpfen und die von einem Priester unterstützt werden, der sagt, Jesus sei auf ihrer Seite, wird uns die Einfachheit der Ukraine vorgeführt und ihre Kampfkraft mit wenigen Mitteln suggeriert.

Dabei liefern wir Deutschen Waffen an die Ukraine, die weder einfach, noch gering sind und weit, weit komplexer als der Standard eines Molotowcocktails.

Auch hier unterliegen wir, wenn wir auf dieses Video herein fallen, der gezielten Manipulation und Massentäuschung, denn der Präsident der Ukraine, Wolodymyr Selenskyj, der sein Amt seit Mai 2019 inne hat, ist laut einer Internetseite selbst reich.

Er wurde als Schauspieler und Comedian bekannt und wurde so zum Multimillionär.

Dies findet man jedenfalls auf einer Internetseite mit dem Titel: „Selenskyjs stiller Sieg über die Superreichen in der Ukraine" von dem Betreiber des Internetauftritts „Business Insider"[8].

Ich gestehe, ich bin des äußeren Kampfes müde und möchte mir mein eigenes Bild machen von der Situation zwischen der Ukraine und Russland, anstatt mir die manipulativen Bilder unserer „Hohen Spatzen" vorkauen zu lassen, die an Rheinmetall und Konsortens Nabelschnur hängen.

---

[8] Siehe dort.

Die Schweiz in Konfliktzeiten

In unserem schönen Wikipedia[9] ist zu lesen, dass die Schweiz in der Zeit des Zweiten Weltkrieges beispielsweise etwas hatte, dass ich als Sonderstatus bezeichnen möchte: Sie berief sich auf eine bewaffnete Neutralität.

Während der Jahre 1940-1944 exportierte sie Waffen, Munition und Zünder an eine Vielzahl von Ländern.

Finanziell spielte die Schweiz in der genannten Zeit eine wichtige Rolle, wodurch der Begriff „Golddrehscheibe Schweiz" zustande kam.

Aktivdienst heißt in der Schweiz der Einsatz der Schweizer Armee zur Abwehr von äußeren Gefahren (Landesverteidigungsdienst) oder inneren Gefahren (Ordnungsdienst). Von der Aktivdienstgeneration wird die Zeit des Zweiten Weltkrieges als „Grenzbesetzung 1939-1945" bezeichnet. Denn sie haben ihr Land aktiv verteidigt und sich über die Grenzen ihres Landes hinaus nicht eingemischt.

Was den Menschen in der Schweiz damals offenbar gut gelungen ist, ist der Schutz des eigenen Volkes und der eigenen staatlichen Binnenstruktur.

Meiner Auffassung nach mischt sich in einen Krieg nur ein, wer

---

[9] Siehe Artikel: Wikipedia | Schweiz im Zweiten Weltkrieg

sein Ego aufpolieren muss und beweisen muss, was für ein toller Hecht oder welch ein anschaulicher Kampfhahn einer ist.

Wer weise ist, bleibt neutral und bietet im Falle, dass er angegriffen wird, ernsthafte Gespräche und Verhandlungen an.

Der Wille zum Frieden, zum Schutz des eigenen Volkes und des eigenen unversehrten Landes sollte für einen Staatschef immer das oberste Ziel sein.

Der Staatschef, die Staatschefin, der oder die sich zu meinem Gegner machen will, ist auch nur ein Mensch und ich würde sie oder ihn fragen, warum sie/er mich angreift und ob ich ihr/ihm, dem Land, dem Staat, der Nation etwas getan hätte.

Meines Erachtens sollte der Frieden und der Schutz des eigenen Volkes und des eigenen unversehrten Landes für eine Staatschefin, für einen Staatschef immer das oberste Ziel sein.

Frieden kann man vorleben.

Dafür muss man ihn erst selbst in seinem eigenen Inneren haben. Im eigenen ♥. Nur im ♥ ist Frieden zu finden.

Rumi sagt das übrigens auch.

Im Augenblick hat Deutschland schon längst begonnen, durch seine Medien seinem eigenen Volk glaubhaft zu machen, Putin wäre gegen den Frieden. Ich maße mir nicht an zu wissen, was Putin will. Ich bin dafür, was auch immer jemand anderes will, dass Deutschland sich aus einem Krieg heraus hält.

Was auch immer geschieht: Wir sollen neutral bleiben und es ist am Frieden fest zu halten.

Wir sollten im Falle solcher Feindbildmeldungen immer und zu oberster Priorität an den Frieden glauben und Neutralität beherzigen und ernst nehmen.

Wir dürfen uns keine Feindbilder einreden lassen, auch nicht von den eigenen Medien oder den Politikern.

Frieden kann man lernen!

Glauben wir an Frieden! Seien wir friedlich!

Seien wir standhaft und unerschütterlich im Glauben an Frieden wie ein ruhender Berg! Werden wir Frieden!

Seien wir Frieden!

Dies ist aus meiner Sicht die oberste Prämisse!

Mein Leitsatz ist Frieden! Egal, was die politisch oder wirtschaftlich herrschenden Menschen in Deutschland sagen: Frieden und politische Neutralität sollen die oberste Leitlinie sein!

Wenn es eine Nation gibt, die sich für stabilen Frieden einsetzt, soll Deutschland es sein!

Dabei sei es gleich, ob es in dieser Beziehung ein Vorbild gibt, einen „Präzedenzfall", oder nicht.

Was die Schweiz und Bhutan nicht können, können wir.

Seien wir ab hier und heute ruhig die Ersten, die politisch wirklich neutral bleiben!

Den Frieden zu bewahren hat dabei oberste Priorität.

Einer der größten Persischen Dichter mit dem Künstlernamen Saadi, der von 1210 bis 1292 gelebt hat, geht in seinem Buch „Golestan", was auf Deutsch „Rosengarten" bedeutet, sogar so weit, dass er schreibt:

„**A**dams Kinder sind als Glieder fest verbunden,
da sie der Schöpfung aus einer Perl entstunden.
Fügt nur ein Glied Leid hinzu der Welt,
Die andren Glieder dies in Aufruhr hält.
Dir, der dich die Not der andren nicht berührt,
Geziemt es nicht, dass dir der Name ‚Mensch' gebührt[10]."

Dies ist eine Weisheit und kein Aufruf zum Kampf. Weisheit zeichnet sich dadurch aus, dass sie für **alle** Menschen Gültigkeit hat, nicht nur für *eine* Seite oder *eine* Nation.
In meinen Augen bedeutet Saadis Text, dass ich mitfühle und dabei in meinen Handlungen, Worten und Absichten friedlich bleibe. Mein Weg wäre nur der, Putin an das Referendum über die Unabhängigkeit der Ukraine zu erinnern[11].
Dies fand in der Ukraine am 1. Dezember 1991 statt. Eine deutliche Mehrheit von über 90 % der Abstimmenden stimmte dabei für die Unabhängigkeit des Landes.

---

[10] Zitiert aus: Saadi (1210-1292) | Golestan
[11] Wikipedia | Referendum über die Unabhängigkeit der Ukraine

Auf den Stimmzetteln des Referendums war die Unabhängigkeitserklärung der Ukraine vom 24. August 1991 abgedruckt.

Seit 1992 feiert die Ukraine am 24. August ihren Nationalfeiertag, da am 2. Dezember 1991 **Russland**, Kanada und Polen die Unabhängigkeit der Ukraine anerkannten.

Nach meiner Auffassung kann man den Streit juristisch lösen, indem man durch gerechte Wahlen die Befragung heute erneut durchführen lässt. Das Ergebnis müsste von allen Seiten juristisch und faktisch ohne Repressalien anerkannt werden.

Überhaupt halte ich Handlungen von Politikern, die den Frieden aufs Spiel setzen oder gefährden, für **juristisch** anfechtbar.

Ihnen könnten beispielsweise durch das eigene Volk Geldstrafen bei Zuwiderhandlung auferlegt werden.

Es sollte für Politiker, Diplomaten sowie Beamte und Angestellte des Staates, des Bundes, eines Landes in aller Welt, juristisch unter Strafe gestellt werden, den Frieden aufs Spiel zu setzen oder zu gefährden!

Wenn es solch ein Gesetz, das dafür notwendig wäre, noch nicht gibt, sollte es jetzt geschaffen werden, dies wünsche ich mir für Deutschland sowie für alle Staaten dieser Welt.

Den Frieden aufs Spiel zu setzen oder zu gefährden widerspricht meines Erachtens dem deutschen Grundgesetz!

Ein Politiker, der dies tut, sollte von seinen Ämtern enthoben werden und ein Staatschef oder eine Staatschefin, der oder die dies in Deutschland tut, dem / der sollte ein Misstrauensantrag gestellt werden.

So etwas ist schon vorgekommen.

Frieden und Neutralität sollten unser neuer Kurs sein!

Rolle der NATO

Das sehr komplexe Thema NATO, welches sich in eine zivile und eine militärische Organisation gliedert, ist meines Erachtens gut nachzulesen bei Wikipedia[12].

Meines Erachtens ist dies Bündnis im aktuellen Ukraine-Russland- Konflikt zum Stein des Anstoßes geworden.

Die in den frühen Vierziger Jahren des letzten Jahrhunderts als alliierte Großmächte zusammen arbeitenden Staaten USA und Russland beziehungsweise Sowjetunion stehen sich offenbar heute in einer Weise gegenüber, die nicht vorrangig von gegenseitigem Vertrauen, gegenseitigem Einvernehmen und Freundschaft gekennzeichnet zu sein scheint.

Dabei gründet die Geschichte Russlands auf den Wikinger Rus, den Ruderern der Wikinger, welche Nordgermanen waren.

Auch die heutigen Vereinigten Staaten von Amerika bestehen historisch gesehen aus noch wenigen dezimierten Ureinwohnern und aus Ex-Europäern, viele davon aus ehemaligen Gotenstämmen, anderen Germanenstämmen und vielen Völkern, die den damaligen Nordgermanen gegenüber nicht sehr verschieden waren.

---

[12] Siehe dort.

Um das elfte Jahrhundert landeten Wikinger auf dem Gebiet des heutigen Nordamerika und Kanada, bevor Columbus und seine Leute dort eintrafen.

Wikinger.

Das waren Leute, die mit für die Gründung Russlands verantwortlich waren.

Laut Planet Wissen (WDR | Thema: Wikinger) haben Wikinger aus Schweden sich in den Osteuropäischen Raum ausgebreitet, auch in das heutige Kiew.

Meines Erachtens sind die Menschen des heutigen Nordamerika und Kanada und die Menschen Russlands in weiten Teilen stammesgeschichtlich aus nicht all zu ferner Vergangenheit mit Nordeuropäern verwandt.

In kurz: Nordamerikaner und Russen sind verwandt.

Dies darf man als Zeichen deuten, dass Frieden, Verständnis und Einvernehmen untereinander, also zwischen Russland, den USA und den derzeitigen Mitgliedstaaten der NATO gar nicht so abwegig sind.

Zu gut Deutsch: Ich versteh' nicht, warum die ein Problem miteinander haben. Beide haben sicherlich unangenehme und angenehme Seiten.

Beide sind halt Menschen ☺ .

Die USA führe ich hier deshalb wie stellvertretend für die NATO an, da sie sehr wahrscheinlich das „Land" (quasi der Kontinent) mit dem größten personalen, wirtschaftlichen und ökologischen Einfluss auf die NATO zu sein scheinen.

Für mich stellt sich hier die Frage:
Steht die NATO nun also letztlich dem Frieden und dem Einvernehmen, dem Verständnis zwischen der Ukraine und Russland im Wege?

Souveräne Kleinstaaten (Fürstentümer)

Ganz in der Nähe von Deutschland befindet sich das autonome, souveräne Fürstentum Liechtenstein, das sich selbst verwaltet, eine eigene Grenze hat und wirtschaftlich wie auch politisch als eigener Staat beziehungsweise eigene Nation gilt.

Was die Ukraine angeht, wurde sie als eigenständiges Gebiet und eigenständige Volksgruppe mit ihrer bäuerlichen Kultur im Laufe der Geschichte gern von Moskau vereinnahmt.
So beschreibt es der Publizist und Historiker Gerd Koenen.

Fest steht folgendes: 1994 verzichten die Ukraine, Belarus und Kasachstan auf Atomwaffen. Dafür garantiert Russland ihre Souveränität, ist aber gegen die NATO-Osterweiterung.

Wir sollten uns erinnern: nach dem Ende der Sowjetunion sortierte sich Osteuropa neu. Dabei gab es beispielsweise das Thema Atomwaffen zu klären.
Damals besaßen die Ukraine, Belarus und Kasachstan Atomwaffen noch aus der Zeit, als sie zur Sowjetunion gehörten.

Anfang der 1990er Jahre war die Ukraine faktisch die drittgröß-te Atommacht der Welt.[13]

Verzicht auf Atomwaffen im Gegenzug zu Sicherheitsgarantien: Das war Inhalt des **„Budapester Memorandums"** von 1994. Russland sperrte sich damals gegen die NATO-Osterweiterung, sagte der Ukraine aber eine **Achtung seiner Souveränität** zu.

Nach meiner Auffassung hat die Ukraine damals gut daran ge-tan, sich von Atomwaffen zu lösen.
Denn – wir erinnern uns: Tschernobyl liegt im Norden der Uk-raine an der Grenze zu Weißrussland. Nach der Atomkatastro-phe von Tschernobyl am 26. April 1986 kontaminierte radioakti-ves Material die gesamte Umgebung und verteilte sich außer-dem über Europa.
Da kann ich verstehen, wenn man sich auch von Atomwaffen los sagt. Das halte ich im aktuellen politischen Spannungsfeld für sehr mutig.
Der Warschauer Pakt wurde aufgegeben. Warum können die Menschen das mit der NATO nicht auch?
Sollte die Ukraine zur NATO gehören, würde die NATO wahr-scheinlich „Verteidigungsstellungen" an der Russischen Grenze einrichten.

---

[13] Quelle: SWR – Archiv.

Das wäre dann schon weit in Russisches Gebiet vorgeschoben. Da kann ich Herrn Putin verstehen. Ich als Staatschef würde das auch nicht wollen.

„Verteidigungsstellungen" der NATO an der Russischen Grenze würden mir als Russischem Staatschef ein extrem beklemmendes Gefühl erzeugen.

Würde ein Staat vor meiner „Haustür" in solcher Art Position beziehen, ich empfände das als äußerst unhöflich und unfreundlich und als eine sehr gewalttätige Geste.

Ich schäme mich auch dafür, dass Deutschland so sehr in die Belange der USA verstrickt ist und seinerseits US - Stützpunkte betrieben hat, so weit ich weiß.

Dies hängt zusammen mit dem Wiederaufbau Deutschlands, den die USA uns gegeben haben und diese Zusammenarbeit ist eine Gegenleistung dafür[14].

Solchen Dingen steht Herr Putin nun auch gegenüber und ich halte ihn für verzweifelt. Das ist ganz offensichtlich, denn er hat ja zu Mitteln der Gewalt gegriffen und Gewalt ist immer die Sprache der Verzweiflung.

Das Wappen der Oblast Kiew (Oblast = Region) ist interessant.

---

[14] AFRICOM und EUCOM sind oder waren zwei der sechs Oberkommandos der US-Streitkräfte und liegen oder lagen beide auf Stuttgarter Stadtgebiet, unbemerkt von der Deutschen Bevölkerung | Quelle: Ohne Rüstung leben | Stand: 2014.

Die Oblast Kiew ist eine Region (Oblast) im Norden der Ukraine. Die Verwaltung der Oblast Kiew hat ihren Sitz in Kiew, obwohl Kiew eine selbstständige Landeseinheit ist.

Vielleicht erklärt sich dieser Zusammenhang aus der Geschichte Russlands und Kiews.

Das Wappen der Oblast Kiew sind drei senkrechte Balken in Blau und Gold, in der Mitte geziert vom Abbild des Heiligen Georg, der den Drachen tötet.

Wappen der Oblast Kiew | Quelle: Wikipedia

Auch das Wappen von Russland, welches 1993 eingeführt wurde, beinhaltet den Heiligen Georg.

Wappen der Russischen Föderation | Quelle: Wikipedia

Die Russische Geschichte ist gegründet auf den Wikinger Rus, den Ruderern der Wikinger.

Die Ukraine und damit Kiew zu verlieren ist für Russland, als würde man ihm das ♥ rausreißen.

Daher kämpft Russlands Staatschef so erbittert darum.

Ich kann ihn sehr gut verstehen.

Die Ukraine ist aber klug. Sie hat der Gewalt der Atomwaffen abgeschworen.

Ich bewundere die Ukraine für ihren Mut und wünsche mir, mehrere Staaten, vor allem solche mit Atomunglücken, wie zum Beispiel die Fukushimakatastrophe, wären so mutig.

Ich wünsche mir auch, Deutschland hätte den Mut, sich von Atomwaffen, Kernwaffen und gefährlichen Waffen allgemein loszusagen und lieber auf Völkerverständigung zu setzen.

Wer ein Verteidigungsministerium hat, soll auch ein Friedensministerium haben.

Jetzt verstehe ich, warum dem Ukrainischen Präsidenten Wolodymyr Selenskyj der Karlspreis verliehen wurde: Kaiser Karl hat sich um ein einheitliches christliches Reich bemüht, um danach keinen Krieg mehr führen zu müssen, denn letztlich ging es ihm um Frieden!

Die Ukrainer sind die Nachfahren der alten Kiewer Rus!

Das Wappen der Oblast Kiew ist dem aktuellen Wappen der Russen sehr ähnlich! Im ♥ sind sie alle Christen und wer zu Waffen greift ist ver**zwei**felt ob der Ent**zwei**ung der Nation.
Russland ist zu groß geworden.
Zu atompolitisch und zu mächtig.
Eine Nation, die sich von ihren Atomwaffen los sagt, habe ich mir schon immer gewünscht.

Putin möchte Kiew, die Ukraine, das ♥ Russlands, behalten!

Ich kann das so gut und aus tiefstem ♥ heraus nachempfinden!

Und Karl dem Großen ist es sicher auch nicht leicht gefallen, schon voraus zu sehen, dass sein Reich nach dem Jahr 814 sich in Einzelteile zerlegen wird.
Heute jedoch möchte ich all die Länder, die sich aus Karls einstigem Reich entwickelt haben, nicht missen.
Was wären wir ohne Frankreich, Belgien, Luxemburg, ohne das Fürstentum Liechtenstein, ohne die Schweiz, Italien, Österreich? Nach meiner Auffassung wären wir ärmer ohne deren Kultur, die sich nach Karls Tod ja weiter entwickelt hat und wie ich finde, bis heute gut geworden ist.
Das Fürstentum Liechtenstein beispielsweise zählt als der sechstkleinste Staat der Erde. Laut seiner Verfassung ist es ein Fürstentum, das als konstitutionelle Erbmonarchie auf demo-

kratisch-parlamentarischer Grundlage organisiert ist. Das Haus Liechtenstein stellt den Landesfürsten. Die Souveränität ist gleichermaßen zwischen Fürst und Volk geteilt.

Nun glaube ich nicht, dass, wäre die Unabhängigkeit der Ukraine auch faktisch durch Putin und seine Nachfolger anerkannt, die Ukraine zu einem Fürstentum würde.

Sie wäre jedoch ein souveräner Staat.

Sie wäre, wie die Länder Europas, die heute alle als souveräne Staaten existieren und von denen in meinen Augen viele Kinder des alten Reiches Karls des Großen sind, auch ein Staat, der seinen Weg selbstbestimmt, eigenständig weiter gehen muss.

Vielleicht wäre und bliebe sie auch dann ein Staat ohne Atomwaffen.

Vielleicht wäre sie irgendwann als ein Vorbild für eine Lebensweise für uns alle wichtig, mit der wir unser gesundes und harmonisches Dasein auf unserem Planeten schützen können.

Fest steht, dass die Ukraine und die Russen offiziell größtenteils orthodoxe Christen sind.

Die Ukraine und Russland müssen nicht ein Staat sein, aber sie könnten irgendwann einen gemeinsamen Fernsehsender haben. Bei dem Fernseh-Sender Arte – Frankreich und Deutschland – klappt das ja auch.

Es gibt im deutsch-französischen Fernsehen, ich glaube, auf Arte, eine Dokumentation über die Ukraine, in der ein Priester die Ukrainer zur Landesverteidigung mit Waffen aufruft.

Dazu sagt der Priester, Jesus würde ihren Krieg wollen.

Es ist meines Erachtens nicht überliefert, dass Jesus so etwas je gesagt hat.

Daher kann man sich auch nicht auf etwas berufen, das nicht gesagt wurde.

Es sind aber Jesu Worte überliefert, die heißen:
„Liebet eure Feinde!"

Wenn man aber von Krieg spricht und dann sagt: „Gott will es":

Mich erinnert das an die Kreuzzüge und deren Schlachtruf „Gott will es".

Wissen wir, was Gott will?

Gott heißt in der Türkei Allah.

Will Allah das auch?

Wie verblendet sind wir eigentlich, dass wir nicht erkennen, dass Gott und Allah EINS sind?

Wie ver**zwei**felt sind wir, dass wir mit Waffen unseren Standpunkt verteidigen und nicht mit Worten?

Wie ent**zwei**t sind wir in unseren ❤️?

Gemeinschaft und Nähe kann auch manchmal gut mit gemeinsamen Grenzen gehen, wenn wir die beachten.

Eine gute Grenze kann auch eine Nähe durch Distanz sein.

Hat sich Russland einst aus den Kiewer Rus entwickelt, aus Kiew, der heutigen Hauptstadt der Ukraine? Kann man das so sagen? Die Ukraine, deren Stadtwappen übrigens der Erzengel Michael ist.

Folgeseite: Abbild des Erzengels Michael | Quelle: Wikipedia

42

Und aus der Oblast Kiew, deren Wappen ♥ das gleiche wie das

♥ des Wappens Russlands ist.

Dabei müssen wir nicht in einem Land leben, wir können uns von ♥ die Hände reichen. Das ist oft besser, als zu nahe beieinander. Es ist wie in einer Partnerschaft.

Auch auf politischer Ebene gilt: Nähe durch Distanz.

Somit sind eigentlich nicht die Ukrainer Russlands Kinder, sondern umgekehrt.

Aber auch in der Bibel gibt es schon Geschichten von Eltern, die gegen ihre Kinder gewettert haben.

Was das Verhältnis zwischen Eltern und Kindern angeht, sollte man eines bedenken:

Ich will es mit den Worten des Dichters, Philosophen und Malers Khalil Gibran sagen:

„Von den Kindern.

Eure Kinder sind nicht Eure Kinder. Sie sind die Söhne und Töchter der Sehnsucht des Lebens nach sich selbst.

Sie kommen durch Euch, aber nicht von Euch, und obwohl sie mit Euch sind, gehören sie Euch doch nicht.

Ihr dürft Ihnen Eure Liebe geben, aber nicht Eure Gedanken, denn sie haben ihre eigenen Gedanken.

Ihr dürft ihren Körpern ein Haus geben, aber nicht ihren Seelen, denn ihre Seelen wohnen im Haus von morgen, das Ihr nicht besuchen könnt, nicht einmal in Euren Träumen.

Ihr dürft Euch bemühen, wie sie zu sein, aber versucht nicht, sie Euch ähnlich zu machen.

Denn das Leben läuft nicht rückwärts, noch verweilt es im Gestern.

Ihr seid die Bogen, von denen Eure Kinder als lebende Pfeile ausgeschickt werden.

Der Schütze sieht das Ziel auf dem Pfad der Unendlichkeit, und er spannt Euch mit seiner Macht, damit seine Pfeile schnell und weit fliegen.

Lasst Eure Bogen von der Hand des Schützen auf Freude gerichtet sein;

Denn so wie er den Pfeil liebt, der fliegt, so liebt er auch den Bogen, der fest ist."

So weit die Worte des Dichters Khalil Gibran.

Ich erkenne in den Menschen der Ukraine und Russlands auch Kinder und Eltern und Eltern und Kinder.

Und auch in unseren Familien lassen Kinder ihre Eltern und Eltern ihre Kinder manchmal in das Leben ausziehen und ihre eigene Wege gehen.

Das muss dann aber nicht heißen, dass man sich so weniger versteht.

Durch den Abstand und die innere Distanz zueinander beginnt man sich oft besser zu verstehen und lernt sich auf eine neue Art zu lieben.

Eben habe ich erwähnt, dass ein Abbild des Erzengels Michael das Wappen der Stadt Kiew ist.

Wir Menschen haben auch vergessen, dass wir Engel in unseren Herzen tragen.

Der Engel, den ich in meinem Herzen trage, ist der Erzengel Michael.

Nicht einmischen

Fake News bestimmen dieser Tage oft die Schlagzeilen in den Medien. Eines jedoch ist sicher:
Der Konflikt zwischen Ukraine und Russland ist echt.

Wir hören jeden Tag davon und werden in den Nachrichten und digitalen Medien von unseren Politikern davon überzeugt, dass die Panzerlieferungen an die Ukraine und andere Einmischungen in einen Krieg in einem Gebiet, das früher eine Einheit zu sein schien, was sich aber schon lange ablösen will, wie zuvor geschildert, und das nur von außen von Weitem eine Einheit zu sein schien, sinnvoll und notwendig sind.

Ich bin davon überzeugt, dass es falsch ist, Waffen, Panzer und weitere militärisch nutzbare Spenden an die Ukraine zu liefern.

Jedes Stück Munition, Waffe, Rüstung oder Software, das in einen Krieg hinein gesteckt wird, ist für diesen Krieg wie ein weiterer Scheit in ein brennendes Feuer:

Der Krieg wird verlängert und verstärkt, mehr Menschen leiden und mit der Zeit wird der Grund für den Krieg, die Ursache der militärischen Auseinandersetzung, vergessen.

Meines Erachtens liegt der Grund eines Krieges oft im Ego, in den verschlossenen Ohren und Mündern, in den verschlossenen Herzen und in der Sturheit und Gier seiner Betreiber.

In den Nachrichten und digitalen Medien wird Putin als Kriegstreiber dargestellt aber ist er das auch?
Wir benötigen heute KEINE Fähigkeiten von Menschen, die wissen, wie und wann man einen Krieg beginnt, wir brauchen vor allem Menschen, die wissen, wie und wann man einen Krieg, eine militärische Auseinandersetzung, **beendet**!

Der Ukraine-Russland-Krise gegenüber spreche ich mich für eine neutrale Haltung aus.

Meine Standpunkte sind:
1. Es ist nicht Deutschlands Streit.
2. Es gibt friedliche (z. B. juristische) Lösungen.
3. Leid und Schicksale von Menschen dürfen uns berühren aber der Krieg geht uns nicht an.

4. Daher dürfen wir zu beiden Seiten Frieden stiften (durch eine neutrale, wohlwollende Haltung zu allen Seiten hin wie gute Eltern, die neutral und liebevoll bleiben, wenn die Kinder sich streiten) aber keine einzige Patrone – geschweige denn Panzer, andere Waffen oder weitere friedlose Gesten –, denn damit mischen wir uns in einen Krieg ein.

5. Wir sollten neutral werden wie die Schweiz, die ich mir wünsche, ein Land, das weder Waffensysteme noch Munition oder Rüstung spendet oder verkauft. Von Rechts wegen und in unserer politischen Grundhaltung. Die Schweiz pflegt Neutralität in einem gewissen Maße schon seit Jahrzehnten ohne schlechtes Gewissen, dann können wir das auch und möglicherweise konsequenter.

6. Wenn es hart auf hart kommt, sollten wir fähig sein, unsere Abhängigkeit von der NATO zu hinterfragen. Gehört die Schweiz zu irgend einem politischen Bündnis? Zur NATO oder zu einem anderen? Wenn nicht, können wir das auch? Wer hängt von wem ab? Hängt die NATO nicht eher von uns ab als wir von der NATO? Wenn die USA und Russland ernsthaft streiten wollten, säßen wir ohnehin dazwischen.

7. Ich kenne einen Weg zu dauerhaftem Frieden. Diesen habe ich in meinem Buch: „Frieden durch Achtsamkeit" dargelegt. Es ist zwar für Deutsche geschrieben aber jedes Land kann es umsetzen.

8. Weder wollte ich zum bereits historisch überwundenen War-schauer Pakt gehören, noch zur NATO, weil ich weder für noch gegen einen Teil des Ganzen Stress mit Waffen machen möch-te. Lieber gründe ich eine eigene Gesellschaft: Eine gemein-nützige Gesellschaft (beziehungsweise Unternehmergemein-schaft) für Achtsamkeit und Nachhaltiges Leben.

Seit dem Beginn des Wirtschaftswunders haben wir als Nation das Gefühl, dass es wichtig und richtig ist „mit den großen Fi-schen zu schwimmen" und im Welthandel oder dem Rüstungs-export in Tabellen ganz oben zu stehen.

Wohlstand wird an finanziellem Reichtum gemessen.

Wenn wir von „sozial schwachen Familien" sprechen, meinen wir damit in Wahrheit finanziell schwache Familien.

Wer viel Geld hat, gilt als reich und gut.
Wer wenig Geld hat, gilt als dumm oder arm oder sogar als böse.

Ein wenig überspitzt mag diese Formulierung klingen aber im Grunde ist es so.

Seit mit dem Aufschwung des „Wirtschaftswunders" unser Staat aufgebaut wurde und wirtschaftlich „nach oben" gekommen ist, sind wir politisch an Amerika orientiert. Als Deutschland sozial, wirtschaftlich und in seiner Binnen- und Infrastruktur verwirrt, zerstört war und am Boden lag, war eine Nation schnell, welche uns sehr geholfen und unterstützt hat, die USA.

Natürlich geschah dies nicht aus lauter Freude am Helfen und Nächstenliebe, sondern in dem Weitblick, zukünftig Deutschland enger an sich zu binden.

Wir sind zu einem OECD – Land geworden, übernehmen auf Wirtschaftsebene den amerikanischen Führungsstil und strukturieren unsere Universitäten seit etwa dem Jahr 2000 nach dem amerikanischen System, in dem es nicht mehr Diplom- oder Lehramtsabschlüsse oder das Grund- und Hauptstudium, sondern Bachelor- und Masterabschlüsse gibt.

Das gehört zum Vertrag, den die USA damals mit dem Frieden in den Vierziger Jahren des letzten Jahrhunderts den unterstützten Ländern aufgetragen haben.

Das Konzept nennt sich OECD – vormals OEEC, stammt aus dem Jahre 1948, hängt zusammen mit dem sogenannten „Marshallplan" und zielt unter anderem darauf ab, Wirtschaftswachstum als Ziel damaliger Wirtschaftspolitik zu installieren.

Wenn ich selbst in den Spiegel schaue und offenen Auges durch die Straßen gehe, sehe ich: Das „Wirtschaftswunder" läuft in eleganten Konfektions[15]-Übergrößen allerorten in unserem Lande herum.

Auf die Art haben wir die Annäherung an die USA schon mal geschafft 🙂 !!

Natürlich freue ich mich darüber und finde es gut, dass wir damals Hilfe bekommen haben, spontan, freundlich und sorgfältig. Ich sehe aber auch den Selbstzweck, der dahinter steht.

Nach meiner Auffassung benötigt die USA einen „Bufferstaat" vor der russischen Westgrenze.

Warum?

In der Mitte der Vierziger Jahre des letzten Jahrhunderts waren die USA und Russland beziehungsweise die Sowjetunion noch **Alliierte** im Kampf gegen Deutschland und dessen Verbündete.

Was steht eigentlich zwischen den USA und Russland?

---

[15] Wort-Erklärung für überdigitalisierte und hoch moderne Menschen:
Das Wort „Konfektion" bezeichnet die serienmäßige Herstellung von Bekleidung; Kleidung „von der Stange" | Quelle: Langenscheidt | Lilliput | Fremdwörterbuch | 1997

Während der napoleonischen Kriege sind viele Europäer nach Amerika ausgewandert.

Einige hundert Jahre zuvor gründeten wikingische Ruderer im Osten ein Reich, das Reich der Wikinger Rus: Russland.

Die historischen Wurzeln der beiden heutigen Großmächte liegen näher beieinander, als es heutzutage augenscheinlich ist.

Ich bin dafür, dass die Menschen in den USA und in Russland dies erkennen und mehr in friedlichem Sinne aufeinander zu gehen.

Wie gesagt will ich mich nicht einmischen.

Meine Meinung äußere ich aber dennoch und halte es dabei bei einem reinen Vorschlag, einer Idee beziehungsweise einer Anregung für mein Land: Neutral werden und bleiben.

Nach meiner Auffassung haben die USA nichts zu befürchten, außer sich selbst: Konsumsucht, Kapitalismussucht und Konfektionsgrößenexplosion.

Harald Lesch hat in seiner Serie Alpha Centauri im Bayrischen Rundfunk oft erklärt, dass sich das Universum ausdehne. Stimmt.

Die Explosion der Konfektionsgrößen ist ein unumstößlicher

Beweis dafür!! 🙂

Immer wieder haben in den letzten Jahren und Jahrzehnten militärische Auseinandersetzungen stattgefunden, begonnen beispielsweise in Korea, die Amerikas Unabhängigkeitsidee daher infrage stellen, <u>da ein Land, welches ständig wegen Rohstoffen Kriege führen muss</u> – oder Polizeiaktionen oder wie auch immer diese Unruhen genannt werden – <u>nicht sehr unabhängig sein kann.</u>

Unabhängigkeit bedeutet nämlich auch eine Freiheit von dem Bedürfnis nach dem Eigentum Anderer, wozu Rohstoffe auch gehören.

Wer wirklich unabhängig ist, kann seine Bedürfnisse befriedigen, ohne übergriffig zu werden, ohne die Grenzen und Rechte Anderer zu verletzen.

Wenn man dann wirklich Hilfe benötigt, kann man um Hilfe bitten. Oder man kann Gegenleistungen anbieten. Man kann sich auch selbst reflektieren und seine Bedürfnisse infrage stellen.

Wir dürfen meines Erachtens den Kapitalismus und seine Auswirkungen auf Gesellschaft und Natur, auf den geistigen Wohlstand und Bildungsstand des Menschen und auf unsere Wirtschafts- und Ernährungspolitik in Frage stellen.

Abgesehen von Kernkraftwerken, Kernwaffen, Überversorgung und Bewerbung medizinischer Güter und eine krebsgeschwürartige Ausbreitung von Digitalisierung und Computertechnologie, die den Menschen das Denken abnimmt und sie damit quasi auch verdummt, wäre ich mit dem Stand einer Spül- und Waschmaschine ohne Computer und Heizungen, die digitalfrei sind, Autos, die der Mensch noch selbst fahren und lenken darf, die aber so klein und schmal sind wie die Menschen in den 70er und 80er Jahren durchschnittlich in Deutschland auch zufrieden.

Was Rüstung, Wirtschaft und das Abgeben von Verantwortung auch im Arbeits- und allgemein im sozialen Sektor angeht, dürfen wir uns von dem Lied „Leichtes Gepäck" ruhig mal was annehmen.

Nach meiner Auffassung wäre dies wirklich ein guter Anfang.
Ein Anfang für einen tragfähigen Frieden.

Was bringt deutsche Politiker dazu, sich in einem Konflikt zwischen zwei Nationen auf die Seite einer dieser Nationen zu stellen?
Warum wählt es nicht die andere Nation?

Warum bleibt es nicht neutral?

Ich meine, es hat mit einem tief sitzenden Minderwertigkeitskomplex zu tun, einer Selbstzuschreibung, der Deutschland auferlegen ist. Deutschland empfindet sich selbst als minderwertig. Warum?

Weil ein kriegsverherrlichender Irrer vor mehr als achtzig Jahren einen Konflikt mit der Welt anzetteln wollte?

Darum sollen wir uns heute noch schlecht fühlen?

Was ist denn mit anderen Nationen?

Gab's das weiter in Richtung Osten nicht auch und nannte sich Stalin?

Hatten die USA nicht auch einen Massenmord, in dem sie ganze Völker und Volksstämme grausam, brutal und menschenverachtend ausgerottet haben? Die hießen Hopi, Pawnee, Sioux und so weiter.

Hätte Der mit dem Wolf tanzt nicht damals diesen Film gedreht, würde es die Urbevölkerung Amerikas doch im Bewusstsein der meisten Deutschen heute gar nicht geben. Und sie verblasst schon wieder.

Was ist mit der Grenze zu Südamerika?

Gab es in China nicht die Boxeraufstände?

Was ist mit der Knochenstraße in Russland?

Was ist mit Gulags und deren Arten von Säuberungen auf politisch-gesellschaftlicher Ebene?

Das ist noch nicht sehr lange her.

Wenn man genau hin sieht, warum sollte Deutschland der Buhmann sein, der „Sündenbock", für Dinge, die in anderen Nationen und deren Geschichte gleichsam passiert sind? Massenmorde hat es in vielen Nationen und deren Geschichte gegeben.

In Afrika und anderswo gibt es auch heute noch heftige Auseinandersetzungen, in denen sich Menschen des gleichen Volkes, der gleichen Nation gegenseitig verletzen. Deutschland war da nicht allein.

Auf psychologischer Ebene gibt es eine interessante Formulierung eines Wissenschaftlers, der zwar mittlerweile gestorben ist, wie auch dessen Tochter, die an dem Konzept, auf das ich hinaus will, maßgeblich mitgewirkt hat, wenn es nicht sogar von ihr stammt: Anna Freud und die Mechanismen zur Angstabwehr.

In diesem Zusammenhang wird ein Mechanismus genannt, der bedeutet, dass man Eigenschaften verdrängt, die man selbst hat aber an sich selbst nicht wahrnehmen will.

Man sieht das Problem, das man hat, nicht bei sich selbst. Bei Anderen werden die gleichen oder ähnlich gelagerte Probleme jedoch ohne Schwierigkeiten erkannt und dort gesehen.

Dieser Mechanismus zur Angstabwehr wird „Projektion" genannt. Mittels „Projektion" werden eigene Probleme im Selbst abgelehnt, gleiche oder ähnliche Probleme aber bei Anderen erkannt und thematisiert.

Das Problem wird dann als im Anderen entstanden erlebt. Eigenschaften, Probleme, die im Selbst abgelehnt werden, werden als im Anderen und nicht im Selbst entstanden erlebt und Anderen zugeschrieben.

Diese Formulierung der „Projektion" als psychodynamischer Mechanismus zur Angstabwehr stammt zwar aus einer Formulierung über die Psyche einzelner Menschen.

Ich bin jedoch überzeugt, dass die Wirkweise „grobmotorischer", ursprünglicher psychologischer Prozesse auf das Thema Gruppen- und Massenpsychologie ebenso anwendbar und übertragbar ist wie auf die Psyche einzelner Individuen.

Zumindest in groben Zügen vollzieht sich im Bewusstsein der sozialen Masse ganzer Nationen Ähnliches wie in der Psyche und im Bewusstsein einzelner Individuen.

Auch das psychologische „Eisbergmodell" des Bewusstseins, welches postuliert, dass große Teile psychischer Prozesse beim einzelnen Menschen unbewusst, sublim, unterhalb einer sogenannten Bewusstseinsschwelle ablaufen, lässt sich meines Erachtens gut auf die Abläufe von Sozial- und Massenpsychologie übertragen.

Für das Verhalten von „Herden", also Gruppen und Massen von Menschen, kann hier angenommen werden, was sich in der Grundlage der Psyche Einzelner vollzieht.

Gelten die sogenannten Mechanismen zur Angstabwehr beim Individuum, kann man sie – bei genauem Hinschauen – auch auf Prozesse übertragen, die das Verhalten sozialer Gruppen oder Menschenmassen beeinflussen.

Somit komme ich zu dem Schluss, dass viele Nationen, die Deutschland als minderwertig betrachten, damit etwas thematisieren, was sie im Grunde bei sich selbst sehen aber nicht wahr haben wollen.

Wie bei der „Projektion", diesem Mechanismus zur Angstabwehr, den Anna Freud ursprünglich auf das Individuum bezog, welcher meines Erachtens jedoch auch gut auf sozialpsychologische beziehungsweise Massenphänomene übertragbar ist.

Mit dieser Ansprache plädiere ich, Baldur Airinger, dafür, dass wir, die deutsche Nation, uns politisch neutral verhalten in Bezug auf den Konflikt Ukraine-Russland.

Meines Erachtens versucht man uns in den Medien von deutscher Seite ein „Feinbild Russland" aufzudrängen.

Putin werden Dinge unterstellt, die er nach meiner Auffassung zu Beginn der Krise nicht beabsichtigt hat.
Solche Dinge sind nun Realität geworden im Sinne einer selbst erfüllenden Prophezeiung.
Die deutschen Medien wollten ihn als Sündenbock abstempeln, damit unsere Politiker die Sympathie der Bevölkerung für ihre militärischen Unternehmungen bekommen.

Ich rufe hiermit die Bevölkerung in Deutschland auf, sich ein eigenes Bild zu machen, die Nachrichten der Medien kritisch zu betrachten, Aussagen der Medien kritisch zu reflektieren.

Der deutsche Rüstungsmagnat Rheinmetall hat durch die militärische Einmischung Deutschlands in der Ukraine eine Wertsteigerung um ein Vielfaches erfahren und nutzt den Konflikt als Werbung für eigene Waffensysteme.

Waffen- und Rüstungskonzerne, deren Mitglieder auf Rüstungsmessen gierig und geifernd ihre neuen Projekte begaffen, verdienen Milliarden daran, ihre grauenerregenden Gegenstände einsetzen zu können.

Der Friede ist aber wertvoller als alle Milliarden!!!

Einstehen für den Frieden

Wer steht für den Frieden ein, wenn nicht wir?

Ich will es mit den Worten des Jüdischen Rabbi Hillel sagen:

„Wenn nicht ich, wer denn? Wenn nicht jetzt, wann dann?[16]"

Das „Flammende Schwert" des Erzengels Michael symbolisiert keine materielle Waffe, die zum Beispiel aus Kunststoff wäre, aus Holz oder Metall.

Sie ist ein Zeichen für den Willen, den Mut und die menschliche Energie, die jemand für seine Ziele aufzubringen bereit ist.

Da Engel feinstoffliche Wesen sind und keinen materiellen Körper besitzen (und somit auch keiner wie immer gearteten „Flügel" bedürfen), haben wir für die erinnerung an die in unseren Herzen inne wohnenden Wesen Bilder geschaffen, die wir mit unserer gewohnten materiellen Umgebung vergleichen und somit verstehen können.

Das flammende Schwert ist nicht zum Töten da. Es ist ein Zeichen für Mut.

---

[16] Ayya Khema | Wenn nicht ich, wer denn? Wenn nicht jetzt, wann dann? | Jhana Verlag | Uttenbühl | 2000

Wer soll sich nun auf unserer Welt für einen stabilen Frieden engagieren? Wer sagt **STOP**? Der Dalai Lama?

Der indische Gott der Gelassenheit namens Ganesha?

Ganesha ist ein Gott der indischen Mythologie.

Er ist der Gott der Gelassenheit, der Gott der Gemütlichkeit und gilt als der Elefantenköpfige Gott.

Ein Elefant gilt oder galt zumindest früher in Indien als Symbol der Güte, des Friedens und der Weisheit.

Auch in Russland wird oder wurde der Elefant als Symbol der Weisheit verehrt.

Michail Gorbatschow, der maßgeblich zum Fall der Berliner Mauer beigetragen hat, wird von seinen Landsleuten als „weißer Elefant" bezeichnet.

Dies bedeutet nicht, dass er eine besondere Körperfülle hat. Mit Attributen des Körpers hat die Bezeichnung „weißer Elefant" nichts zu tun.

Sie bezieht sich auf den Charakter eines Menschen und bedeutet: Weiser Anführer. Weiser Mann.

Ganesha | © Baldur Airinger | 2020

Moskauer Gurken

Wir Deutschen sind ziemlich inkonsequent!

Einerseits liefern wir denen, die Russland beschießen, russische Menschen töten, russische Soldaten zerfetzen, deren Körper zerstören, ihnen und ihren Familien viel Leid zufügen, noch mehr Waffen, Rüstung und Munition, damit diese dann noch besser – gemeint ist die Ukraine – Russland beschießen, russische Menschen töten, russische Soldaten zerfetzen, deren Körper zerstören, ihnen und ihren Familien viel Leid zufügen können.

Mögen wir Russen nicht?

Aber ihre Gurken-Variation essen wir gern, wie?

Gurken „Moskauer Art" | Eigenes Fotokunstwerk

Schluss mit lustig

In einem Artikel in der Süddeutschen Zeitung erfahren wir, wie Wolodymyr Selenskyj in der Schule sein komisches Talent entdeckte, mit Komik Karriere machte und als Schauspieler und Komiker in der Ukraine, Russland und anderen Ländern der ehemaligen Sowjetunion seit Jahren ein Star ist[17].

Betrachten wir nun aktuelle Bilder im Internet, schaut der amtierende Präsident der Ukraine gar nicht mehr glücklich aus.
Von seinem komischen Talent macht er zumindest in jüngster Vergangenheit wenig Gebrauch. Sehr wahrscheinlich findet er keinen Anlass dazu.

Schauspieler beeindrucken mich und ich bin begeistert, wenn sie ihre Rollen gut darstellen. Nun ist eine Filmszene aber vorgeschrieben im Drehbuch, man kann sie beim sogenannten Dreh (bei dem ja heutzutage eigentlich nichts mehr ‚gedreht' wird) wiederholen, bevor sie dann „im Kasten" ist, wie man noch in Zeiten analoger Filmtechnik zu sagen pflegte.

Besonders klar wird dieser Umstand, wenn man das Drehbuch,

---

[17] sueddeutsche.de

in dem man selbst eine Rolle spielt, in dem Moment mit schreibt, während der Film gedreht wird.

Die Rede ist hier natürlich von der Realität, vom Film des Lebens, in dem wir alle eine Rolle spielen und an dem wir alle mit schreiben.

Neuere physikalische Erkenntnisse belegen, dass es keine reinen Beobachter eines Geschehens gibt, sondern dass die Tatsache unserer bloßen Anwesenheit schon die Situation, das „Skript" und damit auch das Drehbuch verändert.

Besonders Herr Selenskyj sollte sich in seinem Amt vergegenwärtigen, wie groß der Einfluss ist, den er auf seine Rolle im Aktuellen Weltgeschehen hat und dass seine Art und Weise, wie er seine „Figur", also sich selbst, seine Rolle in dem aktuellen Film, der Ukraine-Russland-Krise heißt, selbst gestaltet, entscheidet, wie der Film, gemeint ist hier das echte Leben, dabei wird.

Er entscheidet letztlich über Krieg oder Frieden und er hat es in der Hand, ob Menschen sich verbarrikadieren oder aufeinander zu gehen.

Gern erkenne ich ihm seine Erfolge im Fernsehen an und für mich wäre er auch in der Wirklichkeit ein Star, wenn er den Mut hätte, mit Putin zu sprechen.

Würde er die Anliegen des Russischen Präsidenten ernst neh-men und würde er ein Verständnis dafür entwickeln, was dieser mit dem beabsichtigt, was er tut, könnte dies einem gegenseiti-gen Verständnis auf die Sprünge helfen.

In dem oben genannten Artikel wird berichtet, dass Selenskyj drei Tage vor der Stichwahl Herrn Putin „selbstverständlich" einen „Feind" nannte[18].

Wir Menschen dürfen mal da hin schauen, wie wir über uns selbst und wie wir über andere Menschen sprechen.

Und wir dürfen prüfen, welche Grundhaltung wir einer anderen Person gegenüber haben.

Es gibt einen Philosophen, eine mythische Gestalt, die „Hermes Trismegistos" genannt wird, das bedeutet „dreimal größter Hermes". Dieser hat einen Satz geprägt, der heißt: „Wie innen, so außen!" Das bedeutet: Unsere innere Einstellung zu einem Menschen beeinflusst unser äußeres Verhältnis zu diesem Menschen. Wenn „die Chemie nicht stimmt", können wir noch so freundlich sein, wenn unser Herz das nicht mit macht, klappt´s auch in der zwischenmenschlichen Beziehung nicht.

Wir müssen unser Herz läutern, um zu gewinnen.

---

[18] Ebd.

Denn wenn wir unser Herz öffnen und von allem Argwohn und allem Misstrauen, aller Feindschaft befreien, dann kann Frieden und Freundschaft in unser Herz einziehen.

Das ist ein Weg, der klare Entschlossenheit voraussetzt.

Wer genau dieses schafft, den nenne ich einen Star.

Ich wünsche mir, dass Herr Selenskyj auch solch ein Star ist.

Am besten auch Herr Putin. Beide sollten ihr Herz öffnen und versuchen, den anderen zu verstehen. Sie sollten in der Lage sein, den anderen als einen Freund zu empfinden. Sie müssten sich ja dabei nicht gleich küssen.

So verhindert man einen Krieg und man siegt, ohne zu kämpfen. Der alte Sun Zu hat das glaube ich auch schon gesagt.

Ich hatte immer angenommen, im russischen Raum würde dieser Weisheitstext des Sun Zu gelesen. Das Werk heißt:

Siegen ohne zu kämpfen.

Wer diese Kunst beherrscht, der ist für mich wahrlich ein Star.

In meinem Buch über einen Achtsamen Staat habe ich dies noch nicht explizit erwähnt, wie der Primus inter Pares, der Regent oder oberste Lenker eines Landes, welches sich unter das Gesetz und die Regeln der Achtsamkeit stellt, im Falle einer Kriegsdrohung reagieren würde.

Ich bin Herrn Selenskyj und Herrn Putin sehr dankbar, dass sie mich mit ihrer Art und Weise des Umgangs in der aktuellen Situation darauf hin gewiesen haben, dass es gilt, zu siegen, ohne zu kämpfen. Denn in einem Krieg können alle Teilnehmer nur als Verlierer enden.

Wem es jedoch gelingt, Feindschaft gar nicht entstehen zu lassen, der ist für mich ein guter Anführer eines solchen Staates.

Er – oder sie – lauscht in sein Herz, dort hört er, was ihn oder sie selbst und was den anderen oder die andere bewegt.

Wer in seinem Herzen auch die Stimme seines Gegenübers hört und auf diese Stimme mit Mitgefühl und Partnerschaftlichkeit reagiert, der schafft es, zu siegen, ohne zu kämpfen. In diesem Falle gehen dann alle Teilnehmer aus dem Konflikt als Sieger hervor.

So viele Bücher sind schon über Weisheit geschrieben worden. Diese Bücher allein nützen alle nichts. Man muss sie auch umsetzen. Weisheit muss beherzigt und gelebt werden. Konsequent gelebt. Darum geht es.

Der Theologe und Philosoph Eckhart von Hochheim (~1260-1328), auch bekannt als Meister Eckhart, sagt zu dieser Art des Erkennens:

„Wenn diese Geburt nicht in mir geschieht, was hilft es mir dann? Denn dass sie in mir geschehe, daran liegt alles.[19]"

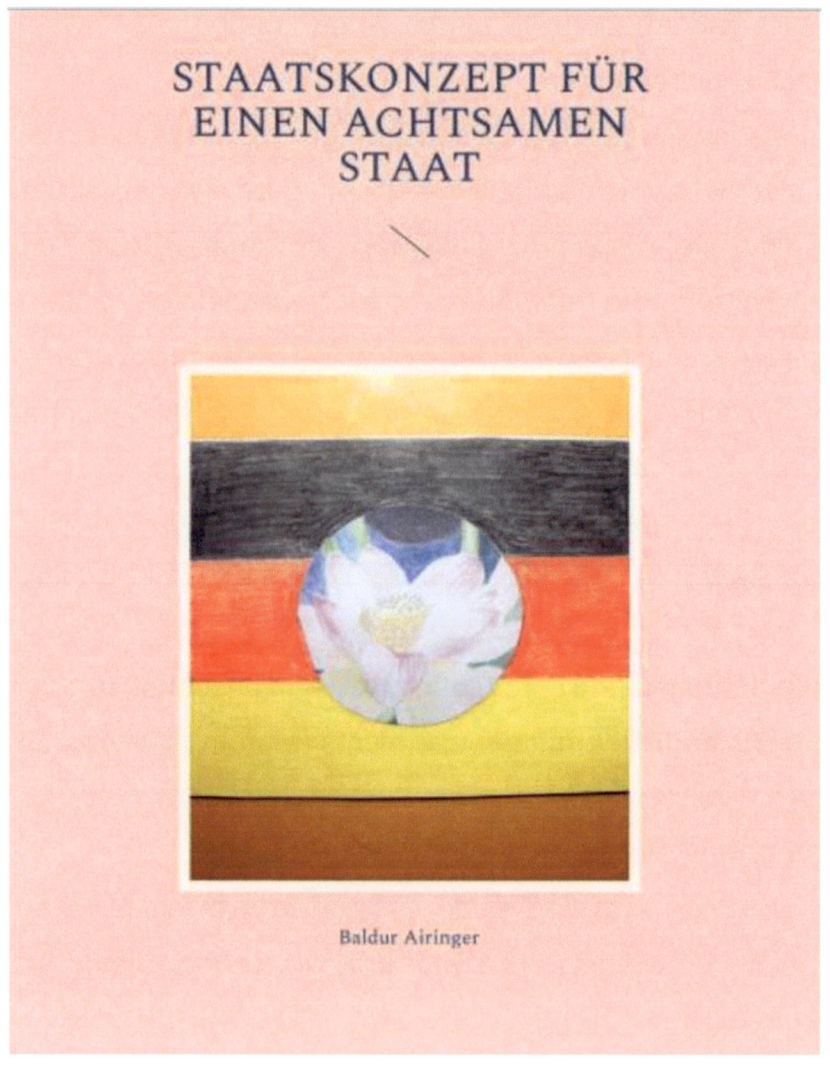

---

[19] deutschlandfunk.de

Jetzt hat Selenskyj schon so viel erreicht, wurde, wie es in ähnlicher Form im vergangenen Jahrhundert ein Beispiel in den USA gab, vom Schauspieler zum Präsidenten, ist heute mehrfacher Millionär[20] und hatte sich ursprünglich vorgenommen, dass es seine wichtigste Aufgabe sei, den Krieg zu beenden und stellte dies zunächst als einfach da[21].

Da hilft wohl alles nichts, man muss auch mit dem Patienten reden, heißt es in einem Comic in der Praxis meines Hausarztes. Auf diesem Comic ist ein Arzt gezeigt, der vor einem Computer sitzt und umgeben ist von lauter Messinstrumenten, allerlei digitalem Computerwerkzeug und anderen Geräten.

Mein Hausarzt. Der nimmt sich Zeit für mich und spricht viel mit mir. Und damit heilt er mich. Er macht mich gesund. Er gibt mir die Gelegenheit, von selbst heil zu werden. Heil und gesund. Einen solchen Hausarzt nenne ich einen guten Hausarzt.

Zu gut Deutsch: Wenn nichts hilft, müssen die Kriegsparteien eben miteinander reden. Politiker, die miteinander sprechen um zueinander zu finden und nicht nur auf ihrem Posten sitzen um des Ruhms und der Penunzen Willen, nenne ich gute Politiker.

---

[20] sueddeutsche.de
[21] Ebd.

Das sind Politiker, die „Butter bei die Fische" machen.

Auf Norddeutsch, auf Plattdeutsch heißt das miteinander Reden und seine Aufgabe gut machen: „Butter bei die Fische!"
Die angesprochene Person soll zur Sache kommen, also zum Wesentlichen kommen, soll keine halben Sachen machen, sondern ganze Sachen.
Als halbe Sache bezeichne ich in diesem Zusammenhang einen Krieg, einen Waffengang, einen Waffengang nach dem anderen aber ohne wirklich offen und persönlich auf den Chef, der das gleiche Seil am anderen Ende in der Hand hält, auch mal zuzugehen und ein Gespräch anzubieten.
Als das Wesentliche sehe ich hier die eigentliche Auseinandersetzung und das ist die zwischen zwei Männern.
Da sind zwei Männer, die ziehen beide an einem Seil. Nur jeder hält das Seil an einem anderen Ende.

Die ganze Sache wäre hier, auf die Person am anderen Ende des Seiles zuzugehen.
Das Seil zu einem Kreis legen im übertragenen Sinne und erkennen, dass im Gegenüber die jeweilige Lösung liegt.
Beide könnten einander sagen, was sie wollen, was sie brauchen, um schließlich zufrieden zu sein.
Auf die Art lässt sich mehr erreichen, als mit 1000 Toten.

Ein Mensch, der in einem Konflikt, in einem Streit, in einem Krieg auf solche Art auf den anderen zu geht, den nenne ich einen Star!

Baldur Airinger im Juni 2023

Notizen